AF606997

Ediciones de Poesía

Rafael Campos Lozano

Inusitaciones

OLIFANTE
Ediciones de Poesía

Olifante. Ediciones de Poesía, fundada y dirigida desde 1979
por Trinidad Ruiz Marcellán
Segunda época
Subdirección: David Francisco

Edición conmemorativa del XLVI Aniversario
de la creación de OLIFANTE. Ediciones de Poesía

Inusitaciones
de Rafael Campos Lozano

Esta obra ha sido publicada con la ayuda del Departamento
de Educación, Cultura y Deporte del Gobierno de Aragón

Editado por Olifante. Ediciones de Poesía

Diseño gráfico: Vicente Pascual

I.S.B.N.: 979-13-990861-2-6
Depósito Legal: Z 1592-2025
Impreso en España por
COMETA, S.A. Carretera de Castellón, km 3,400. 50013 Zaragoza

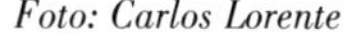

Foto: Carlos Lorente

Inusitaciones

OJO

El ojo se muere
sin saberlo el ojo que muere
ya no ve
lo que quisiera más que nunca
más que nunca
ver

El ojo no tolera el minuto
ni siquiera
tan dulcemente muerto

La furia del ojo es saber su derrota
moribundo
las conoce sin cesar eternas
la furia
la derrota

El ojo
pues
no conoce remedio
ni paz
ni el sosiego siquiera venial
para el resto que queda de aquella
antigua soberbia humillada

El ojo mataría
no ya al minuto
ni aún al segundo mataría

El ojo mataría
si pudiera
ay si pudiera
hasta el misterio que precede al barrunto
de la parte que es apenas
ni la más solitaria
millonésima esquina de un segundo

El ojo
rabioso
vencido
sin misericordia ni piedad
mataría si pudiera
al tiempo mismo
al mismo tiempo

Pero el ojo sabe del tiempo invencible
que renuncia a ser algo
que renuncia a ser cualquier cosa
que renuncia a ser sueño
quimera
deseo
locura

Y sospecha la nada
apariencia de huecos
donde teje quimeras el mundo

Sabe por tanto el fracaso
su fracaso

Y
el fracaso del ojo es el fracaso de todo
apenas se vierte un destello
en el aleteo fugaz del parpadeo
en la apariencia de un acaso sin contorno
en las luces curvadas de tantos engaños
en la mirada sofocada del párpado

El ojo se pierde en lo oscuro
entre luces mentidas
imposibles probables

Justo entonces
sin razón conocida
el ojo junta su derrota
con la apacible aceptación de su derrota

En la suma final
una densa quietud sin alharacas

Al fin
el ojo es
revelado el instante preciso
desaliento apagado
destello sin paredes
mirada
sosiego fugaz
dibujo recto de soledad oscura

Confundido
como otro más de tantos
pozos abandonados

ESFERA

Llamó a la esfera
sin señalar razones
sabía con certeza
que la respuesta no precisaba pregunta

La esfera
callada
ya menos hueca
por la pregunta hecha
sin esperanza hecha
pero hecha
mostraba sin dobleces sus enigmas
misterio circular de álgebras mudas
sepultadas ocultas

Y los adentros
dicen quienes escuchan los misterios que nunca se confiesan
que en el adentro atroz de las esferas
se dan Mayúsculas
incesantes geometrías
que ni los más aventurados matemáticos sospechan

Y
que todas
–dicen y dicen–
las rectas más perfectas de todas conocidas
no son más que circunferencias silenciosas
sostenidas por diámetros infinitos

Y
que todas las formas de curvas posibles
y
hasta las más furiosas trayectorias
visibles e invisibles
se dan incesantemente
y
simultáneamente
en el misterio sin forma
preso de las esferas
centro de todas las formas

En las esferas
nunca
según los iniciados
nunca se produce colisión
ni siquiera
–siquiera–
entre el vértigo espantado
quebrado intermitente
de una línea de puntos deambulantes
y las misteriosas
y magníficas
evoluciones de las estrictas curvas integrales

Y resumen
en fin esto resumen
dentro de las esferas
habitan invisibles los acontecimientos
junto a las otras cosas
que fueron alguna vez al menos

un instante fugaz cosas del mundo
suceso
o
acontecimiento
en una u otra esfera

Aun así
callan lo que saben
que en las esferas
todo cualquier entonces carece de importancia
cuando por lo demás se anuncia inexorable
más y más inquietante

El rumor decreciente de esa paz monstruosa
agazapado entero
bajo el manto de todos los silencios

Un sofoco de espanto sin causa y sin dibujo
se discierne y se anuncia
como la gran certeza sin relieve
fuera de las esferas

DERROTA

Y flor de papel encarnado

Esa derrota
precisamente
se sospechaba la misma mañana
cuando el sol procuró al contendiente
el caudal de calor de sus rayos
escogidos
pero no sin esfuerzo
de entre los más perfectos

Se anunció de ese modo
la derrota del corazón
y cayó en la monotonía del compás
sin atreverse tampoco a los golpes
aunque atenuados
que le habían sido concedidos

Y aun así
el corazón del todo derrotado
incomprensiblemente
y neciamente
encontraba en las puerilidades
no ya sentido fugaz del laberinto
sino ocasión falaz de olvido

Era la voluntad de la cosa
ser y devenir a la vez
y era
al parecer
una distracción venial ante lo insoportable

Luego inventó la sonrisa
y se olvidó de ser desdichado
como casi por ejemplo
en los momentos secretos de las estaciones
en el giro inesperado de algunas tardes muertas
o en compañía de ciertas horas leves escondidas
que bautizó dichosa en secreto

Porque no estaba solo
o lograba parecer esa quimera
por un momento así

Ese que no
aliviana momentos a menudo
antes del final que preside
la engañosa esperanza engañada
aún ápice de luz
del paso liminar sin estridencia
que entretiene la mínima partida
por el mapa borroso de certezas atroces
mientras vamos llegando
mientras llegamos
mientras

QUÉ DEL DOLOR

Quién
por entender
tratar de comprender
quien
va
persigue un hilo
filigrana
de dolor inevitable.
con afán de saber sus colores

El dolor
cómo duele el dolor

Pero pensar el dolor
distrae del dolor
y fracasa el doler del dolor
y por lo mismo
fracasa
siquiera retóricamente
el dolor del doler

Con ello
la pena callada un instante
y acaso y por tanto
un pequeño lago de paz

A no ser…
que Nada Signifiquen Tampoco Las Mayúsculas

De nuevo la herida
y de nuevo perseguir el rayo de la pena
hasta
qué
hasta a ver qué

Nada que hacer
Siempre obviedad de lo mismo
Nada que ver

Una vez
termina
con la siguiente herida
a veces simple arañazo
otras veces infierno
pero…

Nada dice dónde lo que duele
en qué molécula vive el dolor
de qué pellizco huye
en que fugacidad anida
y cómo se desliza al fin
del duele
al ya no duele

El vuelo
no explica nada de volar
solo que vuela

AIRE HUECO

Amó
–no estoy seguro
pero seguramente–
un minuto aterido
deshecho ya de muerte
–estoy casi seguro–
acaso porque fue desde el primer segundo
un anuncio tristísimo
de celebrar su marcha

Pero…
nunca lo vi dolernos
ni vi que se doliera

Por eso
–por eso tal vez
solo por eso–
me dejó mudo
porque
las cosas que se mueren en silencio
–en silencio decimos–
conmueven
como verdades conmueven
verdades verticales
verdades tan perfectas
oscuras
verdades catedrales

NADA NADIE SILENCIO

Escuchas
no oyes
nada

Esperas
no oyes
nada

Miras
no ves
nada

Entonces era cierto
había un devenir sin aspavientos
habrá otro desvivir sin estridencias

Aire
hueco y silencio
nada más que silencio

Como cuando esto mismo
Como esto mismo
cuando muere un segundo callado
majestuosamente
sí
majestuosamente
limpio
de retóricas

Y nadie lo sabe
o muy pocos lo saben
y aunque nadie supiera o lo dijera
sucede

Hay
siempre habrá como siempre
gente muerta en minúsculas
como si al fin morirse sin estruendo
fuera cosa fugaz de la existencia
una más de esas tantas tan tontas
tareas pertinaces
fatigadas
por las repeticiones

Al fin y al cabo
aquellos
de los tantos que hablamos en silencio
cuando se mueren mudos de morirse
son tú también un rato

El mismo instante antiguo conocido
serás irremediablemente
a tu particular manera
ellos

DÍAS LATIDOS

Sí

Es tu respiración
propio desfile
hacia el agujero hueco
envuelto con el fieltro de todos los silencios

Ni los cementerios
ni las tardes inacabables de la espera
lo que decimos vida
donde jugabas cuando entonces
te sintieron siempre tan herido

Pero tú respirabas aquel aire
inocente como si fuera eterno
y tú fueras a serlo tan campante

Todas las sonrisas son ahora tierra
suelo de otros sueños serán
ceniza de la siguiente hoguera

Ni el cielo será el mismo
ni la postal de nubes cuando sea
otra vez la siguiente ocasión

SECRETOS

La luz imposible
de las estrellas asesinadas
por milenios atroces de tiempos incontables

Algunos invisibles
hilos
guardan elocuencias
garabatos
dibujos anudados en orden sepulcral
que no desvelaría
tampoco ni ante nunca
nadie
mortal ni dios alguno

Ni por la paz de los minutos a la venta de los hospitales
en momento presente ninguno
ante la sólida calma de los cementerios

Hasta el miedo aterido
guarda el alarido enterrado en su centro
certeramente sospechado

NOCHE IMPROBABLE

No hay ya noche en la noche

El verano de todos los tiempos
siempre
y el grito de todos los tiempos
siempre
acabaron con todo

La noche ha sido pasto de flores mortecinas
la sonrisa más triste de mil adolescentes

Conque de todas formas qué remedio
aun así
sin más otro quehacer
esperar intentonas humildes
incontadas
huecas de toda nada
derrotadas
calladas sin protesta
para acostarse en ellas
y ensayar sin alharacas la siguiente
nada tan de todos

Y alguna vez acaso
bailar el dulce vals de los olvidos
mientras sonríen en la esquina del rincón adecuado
los eternos marchantes de las calaveras
cantando canciones de letras olvidadas

silbando las pausas
con ajados aires marciales victoriosos

Nada que esperar de madrugada

Era el sueño tan solo como siempre
y no llegaba nunca
como ahora también tampoco llega nunca

ACASOS

Toda biografía es un fracaso
nadie sabe la mitad importante de una vida
decirlo tan tajante como si fuera cierto
o importara ser algo a estas alturas
tan breves como siempre
como todas

Sobre el eje vertical de cada aliento agudo
de cada desaliento respirado
se tejieron mejores epopeyas
pero apenas se supo

Fueron cosas poliedros
colgajos de acasos pretendidos
mapamundis en mesas de hule antiguo
tramas de tantos tramos desandados
que sospecharon siempre
o hasta seguro que sabían
–misterio de misterios–
sentir cómo se pliega un alma
en dieciséis o treinta y tantos pliegues

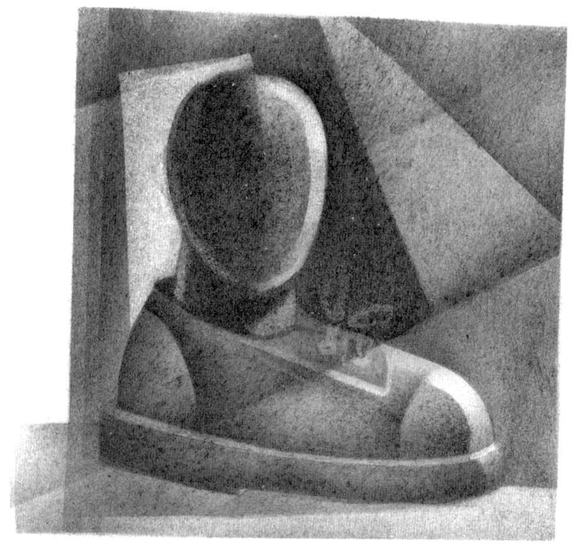

QUÉ

Y qué
se dijo
el hombre bueno
poco antes de alcanzar la luz pequeña
del todo prescindible

Esperó un poco más otro momento
ni grande ni pequeño
y no pasaba nada inesperado

Se murió tan tranquilo
después de unos latidos mirando alrededor
después de confirmarse
no haber efectivamente nada

ADIÓS

Sin saber dónde cuándo ni qué de uno cualquiera
sin importarle nada cualquier cosa
escuchó plenamente
la música elegida imaginada
mientras todo que fuera lo que fuera
ocurría sin el menor remedio
en el bien o en el mal de ese momento
y el siguiente ya nada
tan sin aviso liminar siquiera

DUDA

Caminar o quedarse

Congelado en el suelo del instante cualquiera
sentir la fragua helada del frío redundante
así esperó lo otro sin saber qué esperaba
dispuesto a disponerse a lo que fuera

En ese mientras tanto
trató un último intento
su plan de pensamiento
pero nada
resbaló por la parte de fuera de sí mismo

Creyó verse en el suelo
desmayado e inútil
confundido en la sombra que aún dibujaba el cielo

Se cambió de postura para pisarse un poco
por entretenimiento relleno de la espera
mientras iba notando que no notaba nada
y no supo si era o no era ya de él
eso que se iba yendo
de dónde a ningún sitio

YORICK YA CALAVERA

El misterio del círculo
ya casi olvidado
que se paraba cada noche de verano
era el minuto justo

Ese minuto estricto se formaba
y el mundo parecía capaz de desvelarse
en una sencilla carcajada
desvencijada
desde la sonreída calavera de aquel gran expayaso

Poor Yorick

Pero subamos otra vez a la montaña
escalera de nieve de blanco fatigoso
a ver si

Nada

Los dioses siguen mudos
sigámonos riendo entre los huesos flacos

Y mientras tanto fuera
en todas las afueras sospechadas
de todos los adentros conocidos
el mismo frío aterrador de siempre
afila suavemente su oscuro acantilado.

como la funda hueca que espera su momento
para el descomunal cuchillo

No era preciso tanto

Menos hubiera sido suficiente

POR FIN

Mejor nada
y mejor que nada
nada mejor

Así fueron las cosas
las tantas
las tan pocas
las consabidas cosas
las inefables
todas

Sin embargo
–sin embargo–
seguir latiendo en cada letra
en cada nota
cuando las últimas señales de la suite inmortal
dejen flotando aún breve un acaso

Mientras
en la descomunal respiración del cocodrilo
se anunciaba por fin el final de la broma

Y no nos dimos cuenta

DIJERON Y DIJERON

Le decían poema
que se piensa y se enciende
que se dice o se calla
o también le decían
otras pedagogías

Acaso esa mirada sobre el mundo
que logra iluminar en ocasiones
extraño parpadeo inesperado
bodegas petulantes de maldades
dobleces de los tiempos calendarios
espejos esquivantes nebulosos
neblinas del olvido soñoliento

La mirada del poema es un misterio
el sentido imposible del ojo interminable
inacabable afán inusitado
de insólidos perfiles

Lo decían las otras mismas veces
campanillazos roncos de susurros
alientos suspendidos y estupores
perdidos en leves bajos fondos
nunca del todo bien vividos
apariencia ya solo sospechada
sombra de un sentido improbable

Y seguían así con esos sones
igual de altocargantes

PARAÍSOS DEL AIRE

Hay ecos que conforman mínimos universos
en el imaginario fugaz de cada nube

Se trata nada más de la palabra
nada menos
dejar a la palabra su emoción
en el silencio atento
en cada pulso de cada otra mirada

Lo demás aderezo de nieblas
ahora aquí esto es esto
penúltimo afán
último empeño

Una tierra posible en un instante
que la voz ya sin nada se conforme sin eco
en el recto silencio asignado
o que se alíe la palabra inútil
con sus geografías afanosas
en la pausa más cómplice

Prologar lo imposible
que no respire nada en ningún sitio
que guarde al fin el mundo su murmullo
que nos dé mucha pena
por fin
el silencio absoluto

SOMBRAS

Negar que la razón apenas emociona
en el oscuro denso del teatro
de las calaveritas sonrientes
decorados dentales carcajeantes
es negar lo innegable

Y el humor agotado
se afila más que siempre
o se dilata blando
en dónde
donde dónde
el rumor de una barca de memorias fugaces

La lucidez se duele
fantasma irrenunciable de belleza que esconde
esa helada que abrasa contenida belleza

Terribles las palabras con sus filos
de aceros errabundos
que iluminan y apagan
hechas luces que gritan
tanto y tanto feroz desconsuelo

LUZ SOFOCADA

Aparecen señales y arañazos
anuncios de amenazas y de acasos
en esta triste historia que nos trajo
sobre esta triste tierra que nos tiene

En este tiempo triste que contamos
no puede ni asomar libre ninguna
leve siquiera gracia de la vida
sin que tras ella se abalance toda
la sombra de la cruz y del guerrero
con el viejo antifaz redibujado
para esconder la muerte de las luces

Sin dejarles el tiempo suficiente
ni ser la adolescencia de la idea

No hubo esa luz tan necesaria

MUSARAÑITAS

De repente
la ristra de minutos consabidos
acechantes
apelmazados delante de los ojos
pereza en ese día pero siempre atentos
viéndose inevitables
que esta vez no amenazan en vano

Dijo también
entonces y por cierto
que nunca de verdad amenazaban vanos
o si no llegó a tanto
dijo que sí pensó pensar que lo pensaba
o que le pareció que lo pensaba al menos
aunque cualquiera sabe
conociéndolo tanto y tan poco a la vez

Después quizás tal vez
pensó lo que a saber qué pensaría
y pareció que pensaba eso
mientras que a saber si pensaba otra cosa

Y el caso es que arrancó después con que

«Minutos ominosos como en formación de ataque ante mí»

Así que

minutos ominosos delante de mí también ya ahora
y hasta delante solo ya de mí
–caí por fin entonces–
porque él dijo eso y se fue campanudo
a donde fuera que fuera tras sus ojos cerrados
–si es que por tal acaso fuera que al fin se fuera–
solo para empujarme de inadvertido a advertido
bien advertido de aquel tiempo futuro
bastante imperfecto
que se me avecinaba indefectiblemente
en forma de caterva de minutos
medidos a la manera humana
de sesenta en sesenta digamos
como jodidas palmaditas de tiempecito intenso

Y yo diciendo a ver
a ver cómo afronto
esos putos minutos que me vienen
y que se precipitan
en ristras de curvas preñadas
de la archiconsabida infecta infantería de segundos
y hasta los hay
–los veo
puedo verlos–
llenos de añicos de desdeñables décimas
pellizcos humillados
enanos obedientes del tiempo asesino
y alguno aún más miseria
pura centesimal nadería
detenida imposible sin embargo
–sin embargo decimos

atención sin embargo–
sobre sí mismo en mí mismo
para mirarme por arriba como polvo letal
y dejarme esa helazón
que dejan ciertos tramos respirados
inevitablemente
con su bisutería de centésimas
incluso de milésimas
formando puerilmente gozosos
ese crimencito del tiempo

No obstantemente
entre aquel yo que era
que ya no es el que acaba de ser
y este otro yo
parece
que se dispone a ser
he dado un salto indudable
hacia donde se barrunta un final

Por tanto aquí seguimos
aunque sea así mismo

Me fijo con más calma
–mientras otra calada–
y los veo en posición de carga
en filo en fila de a uno
y vienen
–me figuro que vienen
detrás del chorro de humo de la pipa maría–
a pegárseme tristes

en la piel sensiblera de los dos lacrimales
para ver si me sangra una lágrima
invocando tenaces
–qué sé yo
digo ejemplo
detrás de otra calada–
todos los muertos
de este mundo habitado con tantos cementerios

Fracasa esa filacolumna estricta
de minutos segundos y terceros
porque la muerte solo se ve mejor de golpe
de un solo muerto estricto sin nada que moleste

con demasiados muertos el número fracasa
la muerte ya no cuenta
se nos diluye tanto
que su abundancia es hielo de anestesia

Pero un dolor
amigo
ay
un dolor cualquiera
solo uno individual
una angustia atendida
por pequeña que sea
o fuera aún más pequeña
puede hacer de ese tiempo de latidos minúsculos
una pared de duelos verticales
que se abaten de pronto
y te dejan sin nada

más que esta voz
–que no es casi ni voz a estas alturas–
apenas un murmullo de quién sabe qué poco
capaz sin esperanza de mitigar qué sea esto
eso que no se sabe dónde duele y acrece
la tristeza impasible de todo lo sentido

Y eso
lo que sea eso de esto
que después que dijera lo que fuera pensado
o viceversa incluso
me sacudió una tralla
un garabato fiero en todo el mapa mudo
del cuerpo acurrucado en sus rincones raros
de cómo invisibilidades ácidas del aire
vinieron con la noticia
dejándome tan anegado el cuerpo de pesares
que sin borrar la sonrisa
–o lo que fuera aquello que llevaba puesto en la cara desde
quién sabe cuándo–
me pareció que me pasaba,
que una fila bien larga de huecos en formación de uno
se me hubiera metido en las arterias
y que por eso ya casi no sentía las arterias,
sino un hueco de tubería invernal a punto de helarse de...
de no sé qué llamar a aquella espantosa indiferencia
harta ya y casi a punto de suplicar
que llegara una siesta cualquiera,
o una hoja que se cayera,
siquiera de prematura muerte,
aburrida ya de tanto murmurar las brisas para nadie

en ese árbol cualquiera
sin grandeza
ni sin saber por qué la hoja
como sin saber por qué el árbol
ni por qué yo
ni los minutos
ni el tiempo
ni nada
nada

Luego me acordé de que por lo menos ya no fumaba
y celebré mis pulmones
–contento, me parece–
sin saber para qué

PARTIDA

Dormía

Durmió con las pastillas y dormía
La otra vez ya lo sabes
no lo logró tampoco
llegaron y le hicieron
la salvaron dijeron
sin preguntarle nada
como salvajes simples y compuestos

Ella me pidió que la esperara
y que cuando durmiera
pues eso
ya lo sabes

Y eso fue lo que hice
Se durmió entre mis brazos

Sonreía
Al final sonreía

Me dijo lo de siempre
lo mismo que decía
que cuando sufría así sin más por todo
aunque lograra un rato engañar sus tristezas
–decía sus tristezas porque tenía varias
tú ya lo sabes–

En fin
solo quería que yo le ayudara

Esperé que durmiera
como me había dicho
puse la almohada suave sobre la boca
como me había dicho
solo se movió apenas

Lo tenía tan claro
tan perfecto pensado

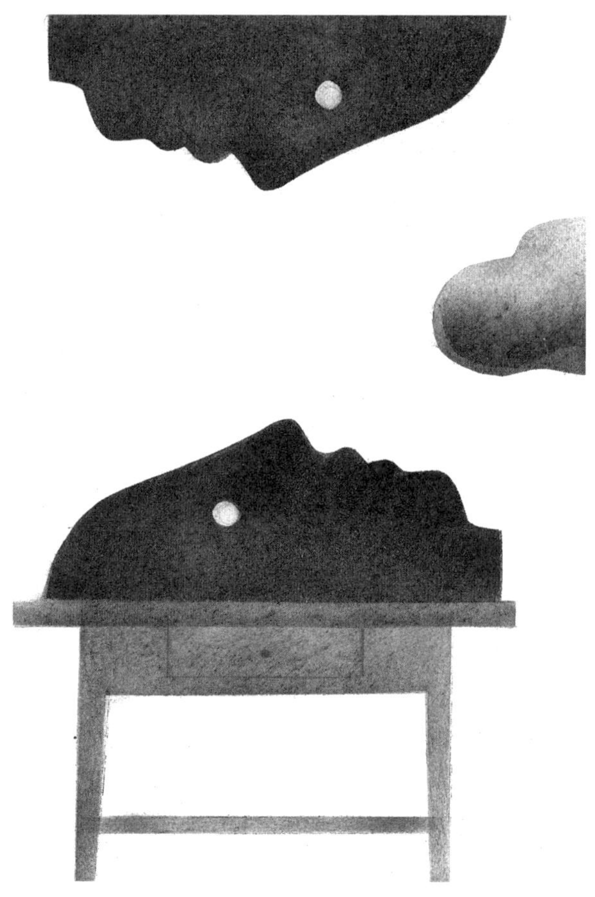

RAGTIME

Cada respiración
pausa plena
hacia el agujero de todos los silencios

Ni los densos funerales
pertinaces
ni la pereza lenta de las tardes
enroscadas sobre curvas sin diámetro
supieron tus barruntos

Ni el cementerio mudo
ni la tarde estirada en la pereza
saben de tus heridas

Todo lo que podría dar noticia
del misterio venial
sin predicado
carece de sujeto conocido

Nadie quiso
romper la sagrada renuncia
del corazón fiado
sin coraza
a la fuerza del mundo
inhabitado

FUGAS

La oscuridad

La luz asesinada
guarda sin remedio su certeza

El instante es un latido quieto
cuando llega el siguiente

Todo trance piensa
ese latido inmóvil

Luego
un respiro inmediato de vanas crueldades
el tiempo lo empuja y lo entierra
llega al siguiente y ya es otro
como los anteriores
ya cenizas antiguas

La oscuridad es la paciencia
que sabe su final

FIATO

Cada respiración es otra certeza
un desfile de pulsos
hacia el compás de todos los silencios

Ni aquellos cementerios apacibles
ni las plazas con sol de atardecidas
imaginaron nunca tus ausencias

Ni nuestro sentimiento apaciguado
ni aquellos días imaginados
desde las horas muertas de pereza
pensaron tus misterios más veniales

Por eso somos libres ignorados
por eso somos eso
por eso pudimos haber sido
los que fuimos entonces
los que somos ahora
los que seremos nunca
los que fuimos apenas

Eso que le decías
tantas veces
y que hoy vuela archivado
en olvidos inútiles

ORÍGENES

El odio poderoso te salvó de la muerte
energía que alumbra
flagrantes certezas flamígeras
acaba la duda pusilánime
que jadea fatigas
vuelve la pereza
voluntad
erigida solemne dudosa

El odio es acción ya desencadenada
detiene su rato
para tomar aliento apenas
y no se paraliza
ante ningún fracaso conocido

Vive su misma muerte
muerde su propia vida
en tiernos equilibrios sobre sus filamentos
en el filo de las melancolías inefables
pero solo en los días puntiagudos
en las horas heladas de fuegos ateridos

Consume existencias
no da explicaciones
se lleva razones en su misma lumbre
y entre sus cenizas se explican autopsias

dibujos
enigmas

El odio

MECIDO SILENCIOSO

Dormir no era tan fácil
el pensamiento
no hallaba rincones apacibles
ni cerrando los ojos
ni flotando en silencio

Solo el recuerdo de
aquella música

Ya sabes
esa música

Conseguía un momento parecido
al silencio
ese silencio delicado estricto
de todo lo callado

Solo logra esa música el silencio del mundo
el silencio improbable del grito
de aquella sombra insigne
en la que no creemos
con la que jugamos a ser otros

Como si fuera tan posible

PRET A PORTER

Hubo tiempo de tristezas
como trajes de moda
por entonces
sospechaba uno mismo de sí mismo
pellizcándose el alma
entre gemidos
sofocados
pudores

Aquel universal desacuerdo
confortable
falso
ni siquiera el plástico acogía
semejante artefacto
envoltura mentida
anuncio de tiempos venideros

Esa felicidad de calderilla
entre las cinco y cinco
y las once del día saqueado
por las expectativas exaltadas
vencidas a las doce o a la una
y al final vomitadas

Todo eso y todo aquello
–seguramente–
placentera cuestión de ambulatorio
más seriamente acaso
tal vez de cementerio

TURNO DE DIOSES IMPROBABLES

Si el cielo está vacío
cualquiera puede hacer de dios por un momento
canto aleve de cientos de Calígulas
teologías tristes
garabatos de estruendo para lo indiferente
porque fíjate un poco
alrededor manadas de corderos
chapotean una humildad sin calidad ni nada
sin luz y sin grandeza

Zalameros indignos de tamaño menguante
orgullos de la mugre
soportando los rayos sin protesta ni herida
lisonjeros del grande
desalmados del pobre
devastados de roña y pena de sí mismos
furor que aborrece cualquier dignidad vertical
nacida de algún azar caprichoso
hacia la muerte inevitable de las catedrales
inevitable fin inaplazable

VERSOS INTEMPESTIVOS

El cómico vencido habla al espejo
mesando la tosca melena enajenada
tras del último esfuerzo
totalmente baldío
voz asquerosa sin periodo alguno
ningún peso en el ritmo
del verso descuidado
desolado por otro paso muerto para nada

De aquel arte querido
qué te trajo a este rato
escabroso y humilde
sin belleza y sin lustre
sin poeta que cante la belleza
de ni siquiera el fraude

Te dices burlando en el espejo
la sombra de ti mismo reflejada
que regalas a nadie este pequeño lujo
improvisado a ratos como ahora
escupido al cristal que lo soporta
impertérrito
sin aplauso
hierático risible
muerto de tantas otras cosas
como solo se mueren los cristales

Te dices estas cosas
–por ejemplo–
como un juego

Buen Hamlet, compañero, olvida la tristeza
lo que aquí se termina en otra parte empieza
el telón que se cierra, la hora que vivimos
retazos de pequeños sueños que repartimos

Nos hicieron actores de algún fugaz asombro
conque deja que apoye amigable en tu hombro
esta mano fantasma que nos guíe apacible
hasta el descanso oscuro que espera predecible

Podemos ser sinceros este tiempo fingido
somos solo apariencia del sueño más humano
esa es la paradoja

Se nos trae a este sitio de la mano
olvidando las veces que hasta aquí hemos venido
para esta vida breve y este adiós tan temprano

Cierra los ojos
imagina lo que viene
no lo digas a nadie
recuerda
no lo digas

PERTINACIA

Días
que llueven horas
como mil granizadas de cuchillos
son pocos días estos
esos días y aquellos
sumados para qué
cada uno en su minuto
medida pertinaz
orden legalizado
indiferente a la piedad
imaginando excesos
plural expiación
de aquellas ilusiones antirreglamentarias

No soñar
respirar y comer
y dormir
tardar en dormir
tampoco soñar
tener sin otro fin en cuenta
la vida de las cosas
el fin de los festejos fascinantes
el paso esquivo de las estaciones
el instante engañoso
la nada en que termina todo

CANCIÓN DE LAS DESOLACIONES

Caminar
entre el dolor y la muerte
sin descansar
bajo el cielo de ceniza gris
la pena es un mar

Vuelan
pájaros de sangre

Ver
a la tierra llorar
su tristeza

Ya
no hay colores que mirar
ni un rincón que iluminar
cielos desiertos y
sueños desolados y
para siempre
una larga eternidad de penumbra
amén

VOCES ALARIDAS

Primero se oyeron las voces
en formas diversas salieron
hasta ser estruendo

Algunas decían plegarias
a gritos
furias de palabras a los viejos dioses
los viejos dioses que ya antes habían oído plegarias
tan iguales a estas plegarias

La voz de la furia creció hasta ser grito
anunció la llegada del rito del odio
de los rezos de amor a los rezos del odio
se conoce muy bien el camino
el camino del odio
la sangre no borra el camino
la sangre no llega a borrar el camino de los viejos odios

Entre una guerra y la siguiente guerra
la sangre y el odio y la pena
son caminos hondos
no se llenan nunca de perdón ni de tierra

La voz que era rezo
fue de repente voz de odio
y encontró muchas voces del color del odio

Se escucharon las voces antiguas del tiempo
sus ecos lejanos en los calendarios
los calendarios de cenizas de tiempo
guardan las voces antiguas
todas juntas ya no se distinguen
todas llaman a la sangre nueva
a la rabia nueva
a la nueva furia y a la nueva venganza

La misma salmodia
sin música
solo el latir de la pena acompaña
el lamento de la letanía

Y así cubre el manto de sangre la tierra
Y así cubre el manto de dolor la tierra
Y así cubre el manto de pena la tierra
Y así cubre el manto de estruendo la tierra
Y así cubre el manto de gritos la tierra
Y así cubre el manto de muerte la tierra
Y así cubre el manto de traición la tierra
Y así cubre el manto de terror la tierra
Y así cubre el manto de horrores la tierra
Y así cubre el manto de espanto la tierra
Y así cubre el manto de luto la tierra
Y así cubre el manto de crimen la tierra
Y así cubre el manto de impiedad la tierra
Y así cubre el manto de infamias la tierra

La tierra del hombre
la tierra del fracaso del hombre

CUIDADOSO DESORDEN INTERNO

Nunca chocaron
el vértigo
quebrado
de una línea de puntos ambulantes
y
las espirales
y
magníficas
evoluciones
de aquellas misteriosas
arrogantes funciones superiores

En las esferas
en gloriosas superposiciones
había fracciones de tiempo inverosímiles
voluntades secretas
de universos minúsculos
en rectas direcciones improbables

En estos laberintos
habitan invisibles
todas las cosas que han sido alguna vez
y que otra vez serán
cuando no las veamos
ni las sepamos nunca
cosas
al fin

del mundo
secreto
suceso o acontecimiento

Ni los poetas divinos
sabrán de estos seres
ni sabrán de estos mundos

Solo que están ahí dentro
desconocidos
como si fueran almas
de las geometrías ignoradas

El invisible mundo es recorrido
de infinitos dibujos

Con trazas
sin origen
ni final

Sin asombro

DOLER DEL DOLOR

A Cecilia B

Detenida
de golpe en el compás central
en medio de un latido
del corazón sabido
persigue la sinuosa filigrana del dolor

El dolor
saber
cómo duele el dolor
querer atrapar el aviso que anuncia
hasta el ruido del fuego final

Y pensar el dolor
cuando quema el dolor
distrae conocer el dolor
y es de nuevo el doler del dolor
es de nuevo de pronto la herida
y de nuevo seguir la señal del dolor
hasta qué
hasta dónde

Hasta nada

Siempre lo obvio
termina
y se intuye otra vez el comienzo

con la siguiente
que es la misma herida

Y nunca
pero nunca
conocer el color
ni el doler del dolor

MEMORIA AMORTAJADA

El arco del río
el hombre ahogado en el rincón del agua
el tiempo remolino
la tarde plomorosa de un verano aplastante
el niño aterido prendado prendido de las horas
todo el miedo anegando una herida escondida
en no se sabe dónde
la amenaza que tiembla en ese dónde
el calor que respira el minuto al cuadrado
y otra vez es el miedo
y es el ojo espantado
el corazón volando a trompicones vivos
los pies clavados en el suelo aprendido
ignorado sabido
el niño aún más inmóvil
la memoria del hombre ahogado en el remanso
el agua en sus rumores siempre desconocidos
la arena de la orilla con ramitas de hierba
el escondite ciego de los silencios mudos
de aquellos dos antiguos amantes fallecidos
las tardes a montones pesando en la memoria
del tiempo sin relojes de nadie conocido
la vida insoportable como un pinchazo ardiendo
el aire sin pecado que avienta los pulmones
el hueco espeluznante que envuelve las costillas
los ojos acelados
y este pozo de espanto

ese blanco perenne sin polígonos netos
y de nuevo los ojos hacia arriba cegados
a lo que dicen cielo
el calor se hace sólido
y pesa sobre todo
y otra vez otra vez
el rumor intuido
el silencio incompleto del río asesinado por el agua
y el mundo sin aliento rodeando el suceso vertebrado
el hueco de este cuerpo que invade un aire blando
y el río, siempre el río, el ángulo del río
la música que estaba ya no está en ningún sitio
todo el fragor de nada más allá de esta nada
el terror de un vacío feroz como una piedra
un ruido tan pequeño silbando en el jadeo
el aire respirado sin sabor ni alimento
el estupor perplejo
se ha desmayado el hilo
todo flota y se oculta
el hueco crece grande
lo envuelve todo en nada
menos este desgarro
de nicho pavoroso
este sabor a tumba
en medio de esta nada
de esta tristeza sólida
de esta pena sin causa
que daba forma al mundo
justo en aquel momento
del que ya ni se acuerda
del que ya no habla nadie

queda la voz sin nombre
sin sujeto
un garabato viejo
sin mano conocida
sin cabeza
sin nada

JACULATORIA PARTE

En la muerte de P. Auster

Te morirás un día
o qué te crees
así de entre minúsculas
te dices por ejemplo
lo piensas tantas veces porque seguramente
te morirás un día
y te vas dibujando imaginando el caso
por si te mueres antes
para que cuando sea
y se presente el día
ya te hayas casi muerto algún rato perdido
entrenando la danza dos o tres o más veces
y ya no sientas miedo
y ya no sientas nada cuando llegue ese día

Cuando llegue ese día
y tengas que morirte
ya te habrás muerto antes
y ya no tendrás miedo
ya no podrás morirte el día que te mueras
porque te habrás muerto antes
porque ya te habrás muerto
y ya sabrás morirte
y nos darás la pena que nos debes
al lado de la vida que nos dejas
te hemos querido tanto y te querremos

porque nos has pintado de palabras
el más hermoso teorema escrito
de tantas existencias cardinales

PALABRAS

Las palabras
si quieres verlas
tienes que abrir el libro
buscar y abrir el libro
solo así las ves como miras un cuadro

Pero con las palabras
puedes cantar canciones
y pueden ser oídas
y así son otra cosa
la misma cosa y otra
en el aire otra cosa
escuchar las palabras
volando por el aire

Hasta las más antiguas
escritas y encerradas todas bien ordenadas
en sus cementeritos
en las estanterías de ataúdes minúsculos
con tapas de colores tan bonitas
dormidas desde entonces

Mientras que puedes ver los cuadros cuando quieras
no puedes ver palabras así de fácilmente
tienes que despertarlas con cuidado
sacarlas de su libro
tienes que recordar dónde está el libro

y luego
si encuentras ese libro
tienes que recordar dónde están las palabras
las palabras precisas que quieres de ese libro
mirar en ese libro y recordar el sitio
donde estaban calladas

Ya no logras recordar esas cosas
a veces se te olvida dónde duerme ese libro
para resucitar las palabras que quieres
y llega antes la falta de la memoria antigua
se fatiga el deseo y olvidas las palabras
y te quedas suspenso entre una cosa y otra
buscando la memoria que está también dormida
entre los anaqueles de los ataúdes
y dejas de buscarlas
sin saberlo siquiera
y sin ningún remedio
las palabras queridas

Cada vez menos veces
consigues ya querer unas palabras
y menos veces ya
consigues descubrirlas y verlas o decirlas
como tanto querías
y por eso es por eso
de forma inapelable
te vas algodonando blandamente
entre las blancas nubes de olvido
en tu cabeza
tantas veces ilustre

NOTA BIOBIBLIOGRÁFICA

Rafael Campos Lozano, actor, autor y director teatral; fue profesor de voz y de interpretación en la Escuela Municipal de Teatro de Zaragoza. Es autor, dramaturgo y director de escena, de más de dos decenas de obras teatrales, varias de ellas publicadas, y de varias adaptaciones, estrenadas en el Teatro Principal, Teatro de la Estación, Teatro del Mercado y otros teatros.

Fue director durante años de la compañía Tranvía Teatro, y del Teatro de la Estación; director del Patronato Municipal de las Artes escénicas y de la Imagen, y en la actualidad dirige la compañía independiente «Le Plató de Teatro», para/con la que ha escrito, dirigido y estrenado cinco obras de teatro hasta la fecha.

Crítico teatral de *Heraldo de Aragón* entre 1987 y 1996, ha escrito y publicado numerosas colaboraciones en revistas de teatro y otros medios. En la actualidad es colaborador habitual en *El Periódico de Aragón*.

Miembro de la Academia de las Artes Escénicas de España y de la Asociación de Directores de Escena de España.

Entre sus obras más representadas: *Memoria de Bolero; Opereta en Calderilla; Más o menos Shakespeare; Farsa de espectros; Diálogo de sombras; Dos en conserva; Días sin nada* o *Pájaros en la cabeza; Inusitaciones* es su primera publicación poética.

Índice

En esta edición se empleó papel registro ahuesado en tamaño 65 × 90 de 125 g m² y cartulina Freelife Merida de 280 g m². Se utilizó el tipo Bodoni en los cuerpos 7, 8, 9, 10, 11, 12, 13, 18 y 24. Color Pantone Black U

Inusitaciones
Rafael Campos Lozano
Olifante. Ediciones de Poesía

Este volumen se imprimió
en los Talleres Editoriales Cometa de Zaragoza,
cuidando del proceso técnico Albertina Lisbona.
Responsable de erratas, Tutivillus.
Y fue encuadernado por Encuadernaciones Raga, S.A.
El libro quedó terminado el 30 de octubre de 2025.

LIBROS PUBLICADOS EN ESTA COLECCIÓN

LUIS CERNUDA, *Cartas a Eugénio de Andrade*
JORGE MANRIQUE, *Coplas de amor y de muerte*
LUIS ANTONIO DE VILLENA, *Un paganismo nuevo*
ÁNGEL CRESPO, *El aire es de los dioses*
ROSENDO TELLO AÍNA, *Meditaciones de medianoche*
FRANCIS VIELÉ-GRIFFIN, *La partenza*
ÁNGEL GUINDA, *Vida Ávida*
DINO CAMPANA, *Cantos órficos*
ÁNGEL PETISME, *Cosmética y terror*
POESÍA ITALIANA DE HOY (1974-1984), *La narración del desengaño*
JACOBO FIJMAN, *Poemas*
ANTÓNIO OSÓRIO, *Antología poética*
CARLOS VITALE, *Noción de realidad*
JOVEN POESÍA ARAGONESA (1987), *Los placeres permitidos*
POESÍA MOZAMBICANA DEL SIGLO XX, *Poesía en acción*
LEOPOLDO ALAS, *Los palcos*
PIETRO CIVITAREALE, *Alegorías de la memoria*
MARINA PINO, *Dejemos que Venecia se hunda*
JORGE DE SENA, *Sobre esta playa*
JULIO ANTONIO GÓMEZ, *El corazón desbordado (Epistolario)*
MIGUEL ANXO FERNÁN-VELLO, *La raíz poseída*
LÊDO IVO, *La moneda perdida*
MANUEL VILAS, *El rumor de las llamas*
CECCO ANGIOLIERI, *Cancionero*
W. B. YEATS, *La torre y el unicornio*
ÁNGEL GUINDA, *Claustro*
RAFAEL INGLADA, *Vidas ajenas*
JEAN-PIERRE COLOMBI, *Lecciones y alegorías*
JOSÉ VIALE MOUTINHO, *Un caballo en la niebla*
CHARLES CROS, *40 poemas*
JUAN ABELEIRA, *Umbral del centinela* y *La piel iluminada*
LUIS FERNÁNDEZ ORDÓÑEZ, *Pájaros de invierno*
VERGÍLIO ALBERTO VIEIRA, *Piedra de trance*
MAGDALENA LASALA, *Seré leve y parecerá que no te amo*
JOSÉ LUIS RODRÍGUEZ GARCÍA, *En la noche más transparente*
CLARA JANÉS, *Ver el fuego*
MIGUEL LABORDETA, *Abisal cáncer*
GABRIEL SOPEÑA, *La Noche del Becerro*
ÁNGEL GUINDA, *Conocimiento del medio*
MANUEL ESTEVAN, *El que cuenta las sílabas*

ÁNGEL ESCOBAR, *Cuando salí de La Habana*
NANCY MOREJÓN, *Botella al mar*
XULIO LÓPEZ VALCÁRCEL, *El volumen de la ausencia*
FERNANDO SANMARTÍN, *Los ojos del domador*
ROBERT BURNS, *Caledonia y otros poemas*
OSÍAS STUTMAN, *Los fragmentos personales*
SERGIO ALGORA, *Paulus e Irene*
TERESA AGUSTÍN, *La tela que tiembla*
MARIANO ESQUILLOR, *Arco lírico*
ILDEFONSO-MANUEL GIL, *Por no decir adiós*
JOSÉ MANUEL GUTIÉRREZ, *El color del aire*
JOAQUÍN SÁNCHEZ VALLÉS, *Preludio y fado*
JESÚS JIMÉNEZ DOMÍNGUEZ, *Diario de la anemia – Fermentaciones*
ÍÑIGO GARCÍA URETA, *Dirección de la derrota*
TEIXEIRA DE PASCOAES, *Señora de la noche*
ANDRÉ PIEYRE DE MANDIARGUES, *Gris perla*
JOSÉ AGOSTINHO BAPTISTA, *Ahora y en la hora de nuestra muerte*
ANDRÉS UNGER, *Visiones*
DAVID ROXÁ, *Como quien pide permiso para la soberbia*
ÀLEX SUSANNA, *Inútil Poesía*
ÁNGEL GUINDA, *Toda la luz del mundo*
FLORBELA ESPANCA, *Las espinas de la rosa*
ANTÓNIO RAMOS ROSA, *Acordes*
ALFREDO SALDAÑA, *Palabras que hablan de la muerte del pensamiento*
JOSÉ MANUEL CAPÊLO, *¿Y si no existieses?*
XOSÉ MARÍA ÁLVAREZ CÁCCAMO, *Habitación del mar*
PABLO NERUDA, *Canto corporal*
ÁNGEL GUINDA, *Toda la luz del mundo (Edición plurilingüe)*
CERVANTES, *Poesía*
MANU CÁNCER, *Poesía completa*
ELENA PALLARÉS, *Ella guarda secretos*
ANTÓNIO OSÓRIO, *El lugar del amor*
ANA CRISTINA CESAR, *Forma sin norma*
BELÉN REYES, *Atrévete a olvidarme*
MANUEL VILAS, *Los chicos están bien. Poesía última*
JOSÉ LUIS ALEGRE CUDÓS, *Poemas*
ENRIQUE VILLAGRASA, *Línea de luz*
RICARDO DÍEZ PELLEJERO, *El cielo del sol mecido*
ÁNGEL GUINDA, *Claro interior*
VV.AA., *20 Poetas Aragoneses Expuestos*
BEGOÑA ABAD, *La medida de mi madre*
MANUEL M. FOREGA, *Ademenos*
ÁNGEL SOBREVIELA, *Roma*

ÁNGEL GUINDA, *Toda la luz del mundo (Edición europea)*
OCTAVIO GÓMEZ MILIÁN, *Nada mejor para esta noche*
BEATRIZ GIMENO, *La luz que más me llama*
MARGA CLARK, *Amnios*
NURIA RUIZ DE VIÑASPRE, *El pez místico*
CASIMIRO DE BRITO, *En la vía del maestro*
JOSÉ ANTONIO CONDE, *El ángulo y la llaga*
JOHN KEATS, *Antología poética (Odas, Sonetos, Otros Poemas, La Víspera de Santa Inés)*
VV.AA., *Avanti (Poetas españoles de entresiglos XX-XXI)*
DOLAN MOR, *El idiota entre las hierbas*
DAVID ACEITUNO, *Sylvia & Ted*
MIGUEL ÁNGEL ORTIZ ALBERO, *Troupe*
JÜRI TALVET, *Del sueño, de la nieve (Antología 2001-2010)*
JOSÉ ANTONIO LABORDETA, *Mar de amor. Canciones*
ÁNGELA SERNA, *Pasos. El sueño de la piedra*
VV.AA., *Yin: Poetas aragonesas, 1960-2010*
ANTÓN CASTRO, *El paseo en bicicleta*
VV.AA., *La pared de agua. Antología de poesía bengalí contemporánea*
MOHSEN EMADI, *Las leyes de la gravedad*
CARMEN RUIZ FLETA, *Polaroid (Todos parecemos más fuertes en las fotografías)*
ROSANA ACQUARONI, *Discordia de los dóciles*
Mª ÁNGELES PÉREZ LÓPEZ, *Atavío y puñal*
FERNANDO AÍNSA, *Poder del buitre sobre sus lentas alas*
JOSÉ VERÓN GORMAZ, *Ritual del visitante*
PILAR PERIS, *Fisuras*
ALBERTO DE LACERDA, *El encantamiento (Antología poética)*
ÁNGEL GUINDA, *Rigor vitae*
ANAÍS PÉREZ LAYED, *El fuego de las sombras*
JORGE RIECHMANN, *fracasar mejor (fragmentos, interrogantes, notas, protopoemas y reflexiones)*
RAÚL CAMPOY GUILLÉN, *Etanol Mortis*
JOSÉ INFANTE, *La libertad del desengaño*
ANTÓN CASTRO, *Seducción*
LUISA MIÑANA, *Ciudades inteligentes*
ÁNGEL PETISME, *El lujo de la tristeza*
IÑIGO LINAJE, *Nunca más adiós. Ensayo para una resurrección*
ÁNGEL GUINDA, *Catedral de la Noche*
DAVID ACEITUNO, *Hogar*
NORMA SEGADES-MANIAS, *Albedrío de uróboros*
ANA LUÍSA AMARAL, *Oscuro*
MARTA DOMÍNGUEZ ALONSO, *Una hoguera en los párpados*
JAVIER RAMÓN JARNE, *La lentitud del frío*

XAVIER SEOANE, *Espiral de sombras*
ANTÓNIO OSÓRIO, *La ignorancia de la muerte*
VV.AA., *Amantes (88 poetas aragoneses)*
LUIS TAMARIT, *Metástasis I*
SHOLEH WOLPÉ, *Cómo escribir una canción de amor*
ALBERTO DE LACERDA, *Elegías de Londres*
MANUEL M. FOREGA, *Luz, más luz*
LUIS TAMARIT, *Metástasis II*
IRENE VALLEJO e INÉS RAMÓN, *La mañana descalza*
ÁNGEL GUINDA y JOSEMA CARRASCO, *Espectral. Cómic*
ELENA PALLARÉS, *Mala estrella*
CARMEN ALIAGA, *Madeleine y las otras*
MARIANO CASTRO, *El ojo y la ceniza*
JORGE MARTÍNEZ, *General Invierno*
CRISTINA GRISOLÍA, *Levedad en la piedra*
VV.AA., *Arquimesa. Poesía en aragonés escrita por mujeres*
ANTÓN CASTRO, *Vino del mar*
JOSEMA CARRASCO, *La felicidad, cariño, es para malgastarla*
JOSÉ MALVÍS, *[20 Vatios Azul Pálido]*
OLGA NOVO, *Felizidad*
ANTONIO PÉREZ MORTE, *Libre de nada, atado a la palabra*
ANTÓN CASTRO, *El cazador de ángeles*
NACHO ESCUÍN, *Nadar hasta la orilla*
JOSÉ ANTONIO SANTANO, *Madre lluvia*
ESTELA PUYUELO, *Ahora que fuimos náufragos*
JORGE MARTÍNEZ, *Tanto por destruir*
ANA MUÑOZ, *Madriguera*
JESÚS RUBIO JIMÉNEZ, *Lugares del corazón*
TERESA RAMÓN JARNE, *Amar mata*
TERE IRASTORTZA GARMENDIA, *Llenabais el mundo*
MARÍA JOSÉ SÁENZ, *Afuera hay sol*
LÉON DEUBEL, *La canción balbuciente (1899)*
ANTONIO SAGREDO, *Cantos del Moncayo*
MARÍA PAZ GUERRERO, *Ranura. Antología poética (2018-2022)*
MARÍA CODURAS BRUNA, *Enajenación transitoria*
BELÉN MATEOS, *Sabor a tránsito. Regreso al poema*
LUIS TAMARIT, *Metástasis III*
GOYA GUTIÉRREZ, *Pozo pródigo*
CARMEN BERASATEGUI, *Cosas asombrosas ocurrirán hoy*
ALEJANDRO VALERO, *Oscuridades*
ALFREDO SALDAÑA, *La acción es el frío*
CELIA CARRASCO GIL, *Rupestre*
GERARDO MARKULETA, *Leer la vida*

TERE IRASTORTZA, *Son nueve, los pájaros*
PEDRO BOSQUED, *Polonio*
ÁNGEL GUINDA, *Poemas útiles de un poeta inútil*
ESTELA PUYUELO, *Déjà vu*
ABDUL HADI SADOUN, *Escribir con* eñe. *Otros poetas en español*
TRINIDAD LUCEA, *Caperucita rota*
INMA BENÍTEZ, *Planeta piel*
ANABEL CORCÍN, *Fondo de armario. Inventario incompleto*
MIGUEL ÁNGEL VÁZQUEZ, *Más allá del bien y del mar (caniculares)*
FRANCISCO ÁLVAREZ KOKI, *Hijos de la luz y de la ira*
JOSÉ LUIS ESTEBAN, *Palabras que no he gastado*
RICARDO DÍEZ PELLEJERO, *El silencio del colibrí*
VV.AA., *Trobada retorno*
EDUARDO MOGA, *Poemas enumerativos*
FERNANDO SARRÍA, *La lluvia azul*
ANTONIO MÉNDEZ RUBIO, *CLIC seguido de* excepto
MAGDALENA LASALA, *El amor, la vida y tú*
JOSÉ LUIS GRACIA MOSTEO, *Campos de Aragón*
JOSÉ MANUEL LUCÍA MEGÍAS, *Trento (o el triunfo de la espera)*
CARMEN ALIAGA, *Jaula de grillos*
JORGE MARTÍNEZ, *El perfume blanco de los días*
JORGE DOT, *Los prodigios del amor* (Amar es no morir en lo que vive)
SAMUEL TRIGUEROS, *Ouroboros*
VV.AA., *Antología poética aragonesa - húngara*
ANTÓN CASTRO, *En el centro del jardín*
ALFONSO ARMADA, *TSC. Diario de la noche*
MANUEL RICO, *Quebrada luz / El muro transparente*
MARÍA BELEÑA, *Vigilia: conjeturas sobre la ilusión*
DOM GABRIELLI, *Susurros de arena*
ANTONIO DOMÍNGUEZ, *La forja de un paisaje cultural. Guía de la Ruta Bécquer en el Moncayo*
J. BENITO FERNÁNDEZ, *Las claves de lo oscuro. Biografía de Ángel Guinda*
ÁNGEL GUINDA, *Vida ávida. Poesía reunida 1970-2022*
EVA VEIGA, *O que se volve raíz /* Lo que se vuelve raíz
JACQUE CANALES, *Antología poética (1985-1995)*
ÁNGEL GUINDA, *El almendro amargo*
JUAN LUIS SALDAÑA MEDINA, *Inventario doméstico*
RAFAEL CAMPOS LOZANO, *Inusitaciones*